생명을 살리는 성경공부 2

개혁주의생명신학 7대 실천운동

신학회복운동

지은이 **장 종 현**

장종현 박사는 충남 아산시 영인면 성내리 안골에서 농부의 아들로 태어났습니다. 중학교 3학년 때 예수님을 영접한 이후 무릎 꿇고 받은 사명을 감당하기 위해 1976년 11월 1일 "진리가 너희를 자유케 하리라"(요 8:32)는 말씀을 붙잡고 백석학원(백석대학교, 백석문화대학교, 백석예술대학교, 백석대학교평생교육신학원)과 기독교연합신문사를 설립했습니다.

그는 백석학원이 세상에 존재하는 또 하나의 대학이 아니라 오직 하나님의 말씀에 의해서 사람을 변화시키고 영적 생명을 살리는 기독교대학을 세우기 위해 일평생 헌신하고 있습니다.

그는 개혁주의 5대 표어를 생명처럼 여기면서 신학이 학문으로 전락해서는 안 되고 그리스도의 생명이어야 한다는 것을 깊이 깨닫고 개혁주의생명신학을 주창했습니다. 개혁주의생명신학은 개혁주의신학을 실천하는 운동입니다.

본서는 개혁주의생명신학 7대 실천운동이 삶 속에서 생명을 살리는 신학으로 자리매김을 하도록 안내하는 성경공부 교재입니다.

오직 하나님께 영광!

백석연구소 총서 5-2

생명을 살리는 성경공부 2

개혁주의생명신학 7대 실천운동 : 신학회복운동

발행일 2019년 10월 25일 초판 1쇄
지은이 장종현
발행처 백석정신아카데미
충청남도 천안시 동남구 문암로 76
전화: 041)550-2090 팩스: 041)550-0450
문제출제 강인한(백석대학교 기독교학부)
펴낸곳 기독교연합신문사(도서출판 UCN)
등록번호: 제21-347호 등록일자: 1992년 6월 28일
주소: 서울특별시 서초구 남부순환로 2221 5층
전화: 02)585-0812 팩스: 02)585-6683
전자우편: ucndesign@naver.com
디자인·인쇄 기독교연합신문사 디자인실
ISBN 978-89-6006-909-1 93230

생명을 살리는 성경공부 2

개혁주의생명신학 7대 실천운동

신학회복운동

장종현 지음

도서출판 UCN

2. 신학회복운동

교회와 세상을 변화시키는 개혁주의생명신학 7대 실천운동 되어야

제가 2010년 5월 21일에 총회의 목회자와 신학자, 성도들이 함께한 자리에서 '개혁주의생명신학 선언'을 하게 된 것은 성경의 권위를 회복한 신학, 교회에 생명을 불어넣는 목회, 예수 그리스도의 인격을 닮은 성도들만이 한국교회를 회복할 수 있다는 확신 때문입니다. 한국교회는 평양 대부흥 운동으로 성령의 역사를 뜨겁게 체험하였지만, 선교 130여 년이 지난 지금 거룩한 신앙의 열정을 잃어버렸습니다. 교회가 하나님을 물질과 명예로 가두어 놓았고, 신학교가 하나님을 학문으로 가두어 놓았습니다. 오늘날 한국교회는 복음의 본질을 상실하였습니다.

그 결과 한국교회는 예수 그리스도의 생명이 나를 지배하는 믿음의 실상을 잃어버렸습니다. 개혁주의생명신학은 그리스도께서 내 안에 사시고 내가 그리스도 안에 사는 영적 삶을 통해 개혁주의 신학을 실천하는 운동입니다. 이는 새로운 신학을 만들려는 것이 아니요, 개혁주의신학에 생명을 불어넣음으로써 개혁주의신학을 활성화하려는 것입니다.

저는 개혁주의생명신학을 실천하기 위해 7대 실천운동을 제시했습니다. 이는 신앙운동과 신학회복운동, 회개용서운동, 영적생명운동, 하나님나라운동, 나눔운동, 기도성령운동입니다. 이번에 발간되는 『생명을 살리는 성경공부』는 개혁주의생명신학 7대 실천운동을 쉽게 이해하고 그것을 삶에 적용할 수 있도록 작성된 성경공부 교재입니다. 금번 이 책을 발간한 목적은 개혁주의생명신학 7대 실천운동이 단지 구호로만 그치지 않고, 성도들의 생활 속에서 실천되도록 안내하는 데 있습니다. 실천이 왜 그토록 중요합니까? 한국교회가 예수님을 머리로만 알려고 하고 순종하지 못하기 때문입니다.

우리가 예수님의 생애에 대해서 안다고 해서 믿음이 있는 것은 절대로 아닙니다. 성경 66권을 다 외우고, 신학을 논리적으로, 체계적으로 가르친다고 해서 믿음이 있는 것도 아닙니다. 서기관과 바리새인들도 성경을 많이 알고 있었지만 예수님을 믿지 않았습니다. 믿음은 마음으로 믿고 순종하는 것입니다. 로마서 10장 10

절에 “사람이 마음으로 믿어 의에 이르고 입으로 시인하여 구원에 이르느니라”고 말씀합니다. 참된 믿음은 행함 즉 실천을 요구합니다. 야고보서 2장 17절은 “이와 같이 행함이 없는 믿음은 그 자체가 죽은 것이라”고 말씀합니다. 영적 생명이 회복된 사람만이 순종할 수 있고, 순종하는 사람만이 참된 믿음을 가진 사람입니다.

이미 출판된 『백석학원의 설립정신』(2014년)과 『개혁주의생명신학 선언문』(2017년), 『개혁주의생명신학 7대 실천운동』(2018년)과 함께 오늘 발간되는 『생명을 살리는 성경공부』(2019)는 신학은 학문이 아니라 영적 생명을 살리는 복음이며, 나아가 교회와 세상을 변화시키는 마중물이 되어야 한다는 개혁주의생명신학의 근본 취지를 드러내고 있습니다. 아무쪼록 우리 총회와 백석학원이 한국교회와 세계교회를 새롭게 변화시키는 데 중심 역할을 감당하며, 나아가 제2의 종교개혁의 거룩한 불씨를 던져 생명을 살리는 진원지 역할을 감당하는 일에 조금이나마 도움이 되기를 바라는 마음을 담아 본 교재를 세상에 내놓습니다.

2019년 11월 1일
(백석학원 설립 43주년에 즈음하여)

백석대학교·백석문화대학교·백석예술대학교
백석대학교평생교육신학원·기독교연합신문사

설립자 장종현 박사

1 하나님 알아가기

핵심 성경구절

"영생은 곧 유일하신 하나님과 그가 보내신 자 예수 그리스도를 아는 것이니라"(요 17:3).

'신학회복운동'은 '신학은 학문이 아니다'라는 외침과 함께 시작합니다. 신학회복운동은 … 신학이 학문으로만 끝나서는 안 되며, 하나님의 말씀인 성경으로 돌아가야 함을 강조합니다. … 신학은 일차적으로 하나님께 영광을 돌리고 생명을 살리는 신학이 되어야 합니다. 신학은 그런 의미에서 교회를 위한 신학이 되어야 합니다.

-『개혁주의생명신학 7대실천운동』, 12.

week
01 하나님 알아가기

1. 지금까지 살아오면서, 당신은 우리 삶에서 가장 중요한 지식이 무엇이라고 생각해왔습니까?

잠 1:7 ______________________________

____

막 8:36 ______________________________

온 천하보다 귀한 것이 인간의 생명입니다. 따라서 생명을 얻게 하는 지식보다 더 중요한 지식은 없습니다. 그리고 생명을 얻게 하는 지식은 하나님을 경외하는 것입니다. 그 이유는 하나님만이 생명의 창조주요, 생명의 근원이시기 때문입니다.

◎ 아는 것과 믿는 것

2. 우리는 어떻게 영원한 생명을 누릴 수 있습니까?

요 3:16 ______________________________

____

요 17:3 ________________

'영생'은 구원받은 사람이 멸망하지 않고 영원히 누리는 생명을 말합니다. 영원한 생명은 하나님을 알고 하나님께서 보내신 구원자, 예수 그리스도를 앎으로써 받아 누릴 수 있습니다.

3. 성경은 우리가 믿음으로 구원에 이른다고 말합니다. 그렇다면 '아는 것'과 '믿는 것'은 어떤 관계인가요?

요 3:36 ________________

____

히 11:3 ________________

____

하나님과 예수 그리스도에 관하여 알지 못하면서 그를 믿는다는 것은 불가능합니다. 하나님을 알아가는 데 필수적인 조건은 하나님을 경외하는 것입니다. 왜냐하면, 하나님을 경외하지 않고 하나님을 참으로 알아갈 수가 없기 때문입니다.

신학은 학문이 아니다

4. 하나님과 예수 그리스도는 인격적인 분이십니다. 인격적 대상을 '알아가는' 방법은 무엇일까요?

히 11:6 ....

....

요일 1:1 ....

인격적 대상을 알아가는 방법은 의사 소통과 상호 신뢰를 통해 서로 사귀는 것입니다. 하나님과 우리의 사귐도 동일합니다. 인격체이신 하나님과의 의사 소통은 말씀과 기도로 가능합니다. 상호 신뢰는 곧 믿음을 의미합니다. '신학'이 곧 '하나님을 아는 것'이라고 한다면, 참된 신학은 하나님과 그분이 행하신 일들을 머리로만 아는 것이 아니라 인격적으로 알아가는 지식이어야 합니다.

5. '하나님'을 아는 것과 '예수 그리스도'를 아는 것을 함께 말하고 있는 이유는 무엇이라고 생각하십니까?

요 14:9-11 ____________________

____

____

____

골 1:15 ____________________

하나님과 예수님은 하나이십니다(요 10:30). 예수님을 본 자는 아버지를 본 것과 동일합니다(요 14:9). 따라서 예수님의 구속사역은 성부 아버지와 밀접하게 연결되어 있습니다. 하나님께서 영생을 얻게 하기 위해 만민을 다스리는 권세를 그의 아들 예수님에게 주셨고, 유일하신 참 하나님은 예수님을 통해 분명하게 나타나셨습니다.

읽고 배우며 실천하는 삶

6. 그렇다면, 하나님과 예수 그리스도를 더 알기 위해 당신이 해야 할 일은 무엇이라고 생각합니까?

눅 8:15 --

말씀을 들을 때 착하고 좋은 마음으로 말씀을 듣고, 간절한 마음과 믿음으로 말씀을 받아들여야 합니다. 나아가 베뢰아 성도처럼 말씀에 대한 탐구정신을 갖고 읽고, 듣고, 묵상하고, 공부하는 노력을 기울여야 합니다(행 17:11). 그리고 그 말씀을 실천함으로써 사람을 살리고 하나님을 닮아가는 성화의 열매를 맺어야 합니다.

7. 말씀 연구와 더불어 결코 소홀히 해서는 안 되는 영적 실천이 무엇이라고 생각하십니까?

막 1:35 --

예수님께서 습관을 따라 날마다 하나님 아버지와 사귐의 시간을 가진 것처럼(눅 22:39), 우리도 말씀을 듣고, 다시 우리의 생각을 하나님께 올려드리며, 하나님과 상호 소통하는 영적 교제와 연합의 시간을 지속적으로 가져야 합니다.

핵심 포인트

우리 삶에서 가장 중요한 지식과 참된 지식은 '하나님을 아는 것'입니다. '하나님을 아는 것'이 곧 진정한 '신학'이요, '하나님을 아는 사람'이 곧 '신학자'입니다. 하나님을 아는 지식이 영생의 필수조건이라면, 전문적인 학자만이 아니라 일반 성도들도 모두 신학자가 되어야 합니다.
신학은 학문이 아닙니다. 하나님을 아는 지식이 머리에만 머물러 있거나, 성경을 떠났거나, 학문으로만 끝난다면 결코 생명을 살리지 못합니다. 우리의 지식은 나를 살리고, 다른 사람의 생명을 살리는 지식이어야 합니다. 그 이유는, 하나님을 아는 지식을 가지고도 구원을 받지 못할 수도 있지만, 하나님을 아는 지식이 없이는 결코 구원을 받을 수 없기 때문입니다.

한 주간 기도

하나님 아버지! 사람에게 생명을 주는 참된 지식은 하나님을 아는 것임을 깨닫고, 그 지혜와 지식의 보고인 하나님의 말씀을 날마다 읽고 배우며, 하나님과 기도로 소통하며 교제하는 삶을 날마다 살아갈 수 있도록 도와주시옵소서.

한 주간의 실천

말씀의 거울로 본 나의 삶	월	화	수	목	금	토	주일
1. 나는 오늘 하나님을 아는 것이 가장 고상하고 중요한 지식인 줄 믿고, 이에 도움이 되는 서적을 우선 선정하여 읽으려고 노력하였는가?							
2. 나는 오늘 하나님의 말씀인 성경을 구체적으로 더 깊이 연구한 적이 있는가?							
3. 나는 오늘 주님과 동행하며 하나님의 음성을 듣고 깊이 있는 대화의 시간을 가졌는가?							

신학회복운동 | 둘째주

2 하나님을 아는 방법, 성경

핵심 성경구절

"너희가 성경에서 영생을 얻는 줄 생각하고 성경을 연구하거니와, 이 성경이 곧 내게 대하여 증언하는 것이니라"(요 5:39).

신학은 학문이 아닙니다. 학문은 성경이 영적 생명을 살리는 하나님의 말씀으로 역사할 수 있도록 돕는 수단일 뿐입니다. 신학이 지적인 학문만이 아니라 생명의 복음이 되기 위해서는 신학의 말씀화가 이루어져야 합니다. 개혁주의생명신학이 추구하는 신학회복운동은 신학의 생명화를 강조합니다. 학문이 구원을 줄 수는 없습니다. 구원은 오직 하나님의 말씀으로만 이루어집니다.

-『개혁주의생명신학 7대실천운동』, 40-41.

1. '하나님을 아는 것'이 '신학'이라면, 개인이나 교회가 만든 '신학'을 '하나님'이나 '성경'과 동일시할 수 있다고 생각하십니까?

렘 17:9 ____________________

롬 7:18-19 ____________________

____

하나님은 오류가 없는 분이시므로 그분의 말씀인 성경 역시 오류가 없습니다. 하지만 개인이나 교회가 그 성경에 추론하여 이론화하고 체계화한 신학은 얼마든지 오류가 있을 수 있습니다. 왜냐하면 그 신학 작업 과정에 필연적으로 인간의 부패한 죄성이 개입하기 때문입니다. 이러한 인간 지식의 한계와 잠정성 때문에 어떤 신학을 절대시하는 것은 바람직하지 않습니다.

참된 지혜와 계시

2. 그렇다면 참된 지혜와 지식은 어디에서 찾을 수 있나요?

골 2:3 ....

골 2:9 ....

세상적인 지식과 학문이 아무리 탁월하다 해도 사람을 새롭게 하거나 변화시키지는 못합니다. 더 나아가 인간을 구원에 이르게 하지는 못합니다. 오직 참된 지혜와 지식은, 신성의 모든 충만으로 성육신하신 예수 그리스도 안에서라야 발견할 수 있습니다.

3. 참된 지혜와 지식의 보화를 담은 계시는 어떻게 우리에게 주어졌나요?

히 1:1-2 ....

....

....

롬 10:4 ....

하나님께서 구약 시대에 선지자들을 통하여 다양한 방식으로 이스라엘 백성에게 하나님의 뜻을 계시하셨습니다. 그리고 최후에는 그의 아들 예수 그리스도의 성육신과 십자가의 죽으심과 부활하심과 그의 입으로 나오는 복음을 통하여 신구약 성경의 계시를 완성하셨습니다.

○ 성경의 목적과 주제

4. 하나님께서 성경을 기록하여 우리에게 주신 궁극적인 목적과 그 기능은 무엇입니까?

딤후 3:15 ________________________________

____

요 20:31 ________________________________

____

성경의 궁극적 목적은 우리로 하여금 구원에 이르는 지혜를 얻게 하는 것이요, 그 지혜를 통해 생명을 얻게 하는 것입니다. 이 세상에 수많은 책이 있어도 인간에게 구원의 길을 제시하는 책은 없습니다. 혹 있다고 해도 그것은 멸망으로 인도하는 안내서일 뿐입니다.

딤후 3:16 --

성경은 믿고 구원 얻은 자들이 하나님의 사람으로 온전하게 성숙해지는 데 필요한 여러 가지 기능을 갖고 있습니다.

5. 성경의 핵심적인 주제는 무엇입니까?

눅 24:27 --

요 5:39 --

성경의 핵심적인 주제는 영생의 근원이신 예수 그리스도이십니다. 신약성경뿐만 아니라 구약성경 곧 모세오경과 선지서와 시편이 모두 예수님을 증언하고 있으며, 이 모든 것이 성취될 것을 예수님은 말씀하셨습니다(눅 24:44). 그래서 구약은 오실 예수 그리스도에 대한 약속의 말씀이고, 신약은 그 약속의 성취인 예수 그리스도에 관한 말씀입니다.

날마다 새롭게

6. 나는 지금 목자 되신 예수님께서 주시는 영원한 생명을 소유하고 그 생명을 풍성하게 누리며 살고 있나요?

요 10:9 ....

....

....

요일 5:13-14 ....

....

....

영원한 생명은 곧 홀로 참 하나님이신 아버지와 그가 보내신 예수 그리스도를 알고, 하나님과 영원히 인격적인 친교를 맺으며 사는 것을 의미합니다. 그럴 때 우리는 하나님께 담대히 나아갈 수 있고, 그분의 본성과 가치와 능력을 함께 나누며 누릴 수 있습니다.

우리가 실천할 일들

7. 그렇다면, 우리는 이제 어떻게 생명의 근원이신 예수 그리스도를 체험하며 살 수 있겠습니까?

엡 4:17 ______________________________

골 3:10 ______________________________

____

우리는 하나님의 생명에서 떠나 있는 옛사람이 아니라, 하나님을 따라 의와 진리의 거룩함으로 지으심을 받은 새사람입니다(엡 4:17-24). 새사람은 그 심령이 지식에까지 새로워져야 합니다. 생명이신 예수 그리스도는 오직 성경에서 찾을 수 있음을 굳게 믿어야 합니다.

요 15:4 ____

____

요 15:7 ____

____

그리고 성령 안에서 예수 그리스도와 연합하여 그의 말씀을 따라 살며, 친밀하게 교제하며 동행하는 삶을 살 때에라야 풍성한 생명의 열매를 맺고, 온전한 사랑의 사람으로 하나님께 영광을 올려드리는 삶을 살아갈 수 있습니다.

핵심 포인트

이 세상에서 가장 중요한 지식은 하나님과 예수 그리스도를 아는 것입니다. 예수님은 우리에게 생명을 주실 뿐만 아니라, 그 생명을 풍성히 얻어 누리도록 하기 위하여 이 땅에 오신 하나님의 아들이십니다. 성경의 목적은 우리로 하여금 예수 그리스도를 바로 알고, 그를 통하여 구원을 얻게 하려는 것입니다. 나아가 성경은 우리가 하나님의 형상으로 지으심을 받은 새 사람으로서, 하나님의 아들을 '믿는 것'과 '아는 일'에 하나가 되어, 그리스도의 장성한 분량이 충만한 데까지 온전한 하나님의 사람으로 성숙해지도록 도와줍니다(엡 4:13). 그 결과 그리스도인은 선한 일을 행하는 능력의 사람이 되어 하나님께 영광을 돌리게 되는 것입니다(딤후 3:17, 롬 11:36).

한 주간 기도

하나님 아버지! 예수 그리스도만이 이 세상 모든 지혜와 지식의 보화가 되며, 오직 성경을 통해서만 그 보화를 발견할 수 있음을 믿고 고백합니다. 성경의 소중함을 깨달아 힘써 읽고 배우는 믿음의 자녀가 되도록 인도하여 주시옵소서.

week
02 하나님을 아는 방법, 성경

한 주간의 실천

말씀의 거울로 본 나의 삶	월	화	수	목	금	토	주일
1. '성경에서 떠난 신학'을 가르치는 교파나 이단들에 대하여 매일 하나씩 배우고 나눠 보자.							
2. 오늘도 영적인 삶으로 비상하는 양 날개인 '말씀'과 '기도'의 균형을 유지하며 살았는가?							
3. 내가 가진 하나님에 대한 지식이 불완전함을 인정하며 겸손한 자세로 타인의 견해를 경청하려 노력하였는가?							

신학회복운동 | 셋째주

3 하나님을 알게 하시는 성령

핵심 성경구절

"먼저 알 것은 성경의 모든 예언은 사사로이 풀 것이 아니니, 예언은 언제든지 사람의 뜻으로 낸 것이 아니요, 오직 성령의 감동하심을 받은 사람들이 하나님께 받아 말한 것임이라"(벧후 1:20-21).

창조주 하나님이 어떻게 피조물인 인간의 학문의 대상이 될 수 있습니까? 하나님이 어떻게 인간 이성의 분석과 평가의 대상이 될 수 있습니까? 오직 하나님 편에서 우리에게 성령을 통하여 계시하실 때에만 하나님을 아는 지식이 가능합니다. 그런 의미에서 '하나님을 아는 지식'으로서의 신학은 학문이 아닙니다. 우리는 제한된 이성의 힘으로 하나님과 하나님의 계시를 다 깨달아 알 수 없습니다. 성령님께서 우리를 도와주셔야 하나님의 뜻을 알 수 있습니다.

-『개혁주의생명신학 7대실천운동』, 45.

1. 새 전자제품을 '사용설명서' 없이 작동하기가 어렵듯이, 성경을 이해하는 것도 어렵게 느끼신 적이 있으신가요?

행 8:31 ____________________

____

에티오피아 여왕의 국고 관리인이 이사야서를 읽으면서도 그 내용이 무슨 의미인지 깨닫지 못한 것처럼, 우리 역시 올바른 성경 이해에 많은 어려움을 느끼기 마련입니다.

성경과 성령의 감동

2. 성경은 어떤 책인가요? 성경도 '사용설명서'가 필요할까요?

잠 30:6 ____________________

____

벧후 1:20-21 ____________________

성경은 하나님께서 한 시대의 믿음의 공동체를 통해 주어진 하나님의 말씀입니다. 성경은 개인적으로 해석해서는 안 됩니다. 성경 해석의 무오한 규칙은 성경이기에, 성경으로 성경을 해석해야 하지만, 우리가 성경을 온전히 이해하기는 쉽지 않습니다. 성경의 온전한 이해를 위해서는 여러 가지 도움이 필요합니다. 예컨대 번역본, 성경사전, 성구사전, 국어사전, 각종 주석 등입니다. 하지만 이러한 것들은 여전히 보조 자료에 불과합니다.

3. 그렇다면 성경의 온전한 이해를 위해 우리에게 필요한 것은 무엇일까요?

고전 2:10

고전 2:11

week

03 하나님을 알게 하시는 성령

성경을 온전히 이해하기 위하여 성령의 도우심이 필요합니다. 성령 하나님은 신적 계시를 통달하시는 분이십니다. 사람 속에 있는 영만이 사람의 일을 알 수 있듯이, 하나님의 일도 하나님의 영 외에는 아무도 알지 못합니다. 하나님께서 우리에게 주신 신령한 은혜와 성경을 깨달으려면, 하나님께로부터 온 성령 하나님을 받지 않고는 불가능합니다.

○ 성경과 성령의 조명

4. 성경을 기록하게 하신 성령님은 어떤 분이십니까?

고전 2:12 ....

....

엡 1:17 ....

....

성령 하나님은 지혜와 계시의 영이십니다. 우리가 성경을 읽을 때, 성령께서 우리 마음을 밝혀 깨달아 알게 하시고, 그 말씀을 믿을 수 있도록 역사하십니다. 이것을 성령의 조명(illumination)이라고 말합니다. 성경을 읽는 사람은 성령의 조명 없이 결코 성경을 온전히 깨달을 수 없습니다.

5. 성경을 읽을 때 우리가 성령 하나님을 어떤 분으로 믿고 의지해야 합니까?

요 14:26 ______________________________

____

요 16:13 ______________________________

____

____

성령 하나님은 하나님 아버지께서 예수 그리스도의 이름으로 보내신 보혜사이십니다. 보혜사는 우리를 위로하고 도와주며 상담해 주시는 분이십니다. 그래서 주님의 말씀인 성경을 바로 알도록 가르쳐 주시고 일깨워 주십니다.

간절한 기도와 겸손한 자세

6. 그렇다면 우리는 이러한 성령의 조명과 도우심을 받기 위해 어떻게 해야 할까요?

시 51:10 ______________________________

____

시 119:18 ______________________________

____

우리는 오직 기도를 통해 올바른 이해에 이르게 하시는 성령님의 도움을 받을 수 있습니다. 칼빈의 기도처럼, 우리에게 올바른 판단력이 없을 때, 또 우리 마음이 대낮에조차 맹인이 될 때, 성령께서 우리를 비춰 주셔야만 우리는 하나님의 말씀의 빛에 들어갈 수 있습니다.

7. 그렇다면 우리가 하나님의 말씀인 성경을 읽고 믿고 따르기 위해 주의해야 할 일은 무엇일까요?

삼상 3:10 ....

....

벧후 3:16 ....

....

....

성경은 성경의 원리를 따라 해석해야 합니다. 그리고 성경은 하나의 주제로 통일성을 가진 거룩한 책이며, 일점일획도 땅에 떨어지지 않고 완성될 하나님의 진리로 믿으며, 겸손한 자세로 대해야 합니다. 성경은 영감으로 기록된 하나님의 말씀이므로 개인적 견해로 해석하거나 억지로 끼워 맞추려고 해서는 안 된다는 사실을 명심해야 합니다.

NOTE

핵심 포인트

성경의 온전한 이해는 오직 성령 하나님의 조명이 있을 때에만 가능합니다. 부패한 우리의 이성으로는 하나님과 하나님의 계시를 다 깨달아 알 수 없습니다. 그러므로 철저히 성령님을 의식하고 의지하며 기도하며 성경을 대해야 합니다. 이런 점에서 "우리의 '신학'(곧 하나님을 아는 것)은 영으로 난 것이어야 합니다. 영적으로 살아 있는 신학이어야 합니다. 왜냐하면 하나님의 나라는 육적인 것으로는 들어갈 수도 없고, 볼 수도 없고, 누릴 수도 없기 때문입니다. -『개혁주의생명신학 7대 실천운동』, 50.

한 주간 기도

하나님 아버지! 만물보다 심히 부패한 우리의 이성으로 하나님의 말씀을 판단하는 잘못을 범하지 않게 지켜 주시옵소서. 주의 법의 기이한 것을 깨달을 수 있도록 우리 마음의 눈을 열어주시고, 주를 아는 지식에서 더욱 자라갈 수 있게 인도하여 주시옵소서.

week
03 하나님을 알게 하시는 성령

한 주간의 실천

말씀의 거울로 본 나의 삶	월	화	수	목	금	토	주일
1. 나는 오늘 하루의 삶 속에서 성령의 충만을 위해 기도하였는가?							
2. 나는 오늘 말씀을 대할 때 성령의 감화와 조명을 위해 진심으로 기도하였는가?							
3. 나는 우리 교회의 말씀 사역자들이 성령에 충만한 하나님의 온전한 도구들이 되도록 기도하였는가?							

신학회복운동 | 넷째주

4 하나님을 아는 자가 누릴 복

핵심 성경구절

"도둑이 오는 것은 도둑질하고 죽이고 멸망시키려는 것뿐이요, 내가 온 것은 양으로 생명을 얻게 하고 더 풍성히 얻게 하려는 것이라"(요 10:10).

신학은 그리스도인으로 하여금 하나님을 알게 해서, 그의 심령 가운데 영적인 생명을 더욱 풍성히 얻게 함으로써 영적으로 풍성한 열매를 맺도록 하는 것입니다. 참된 신학은 하나님과 그분이 행하신 일들을 머리가 아니라 인격적으로 아는 살아 있는 지식이어야 합니다.

-『개혁주의생명신학 7대실천운동』, 39.

1. 당신은 '생명(生命)'을 무엇이라 생각하십니까? 생명에 대한 각자의 정의를 서로 나눠 봅시다.

창 2:7 ______

계 3:1 ______

______

'생명'의 사전적 정의는 '유기체가 태어나서 죽을 때까지의 살아 있는 상태'를 말합니다. 하지만, 성경적인 생명은 단순히 육체적으로 '살아 있는' 생물학적인 생명만 아니라, 정서적으로, 영적으로 하나님과 연합하여 사랑의 사람이 되어 내세까지 이어지는 풍성하고 영원한 삶을 사는 것을 의미합니다. 이 생명의 근원은 창조주 하나님이십니다.

예수님이 이 땅에 오신 목적

2. 예수님이 하늘을 떠나 사람의 몸을 입으시고 이 땅에 오신 목

적은 무엇이었나요?

요 3:16 ....

....

요 10:10 ....

....

예수님이 이 땅에 오신 목적은 인간을 죄와 죽음에서 구속하여 생명을 얻게 할 뿐만 아니라, 그 생명을 충만한 상태로 유지하며 누리게 하기 위함입니다.

3. 예수님이 우리에게 생명을 주시려고 행하신 일은 무엇입니까?

막 10:45 ....

....

히 9:28 ....

....

....

예수님은 우리에게 생명을 주시기 위하여 섬기는 종으로 오셨고, 더 나아가 십자가에 달려 죄인 된 우리가 죽음으로 갚아야 할 생명을 대신하여 자신의 목숨을 대속물로 내어놓으셨습니다.

○ 목자 없는 양들의 구세주

4. 왜 예수님께서 우리에게 생명을 주시기 위하여 자신의 목숨까지 버려야 하셨나요?

롬 3:20 ______________________________

____

롬 6:23 ______________________________

____

____

히 9:22 ______________________________

____

____

하나님께서 정해 놓으신 삶의 원리 중 하나는, 죄의 대가는 죽음이라는 것입니다. 그러므로 누군가가 대신 피를 흘려 죽지 않으면 아무도 죄에서 벗어날 수 없기 때문에(히 9:22), 죄 없으신 하나님의 아들이신 예수님께서 모든 사람을 대신하여 죽어 주신 것입니다.

5. 나는 예수님을 만나기 전에 어떤 사람이었나요?

사 53:6 ______________________________

____

롬 3:10 ______________________________

롬 3:23 ______________________________

____

죄와 관련하여 자유로운 사람은 이 세상에 아무도 없습니다. 나 역시 목자 없는 양처럼 그릇 행하여 제 갈 길로 가며 고생하고 기진하는 삶을 살았던 자였지만(마 9:36), 하나님이 친히 찾아오셔서 죄를 사하여 주시며, 고치시고 싸매어 주셨습니다(시 147:2-3).

생명, 더 풍성한 생명

6. 그렇다면, 나는 그 생명을 어떻게 소유할 수 있나요?

요 1:4 ________________

요 5:26 ________________

____

요 14:6 ________________

____

영원한 생명은 하나님 아버지께서 보내신 구원자 예수 그리스도를 믿을 때 주어지는 선물입니다. 예수님은 태초부터 계셔서 우리에게 생명의 숨결을 불어넣어 주신 생명의 원천이시고(창 2:7), 목마른 자에게 생수가 되시며(요 7:38), 굶주린 자에게 참된 떡이 되시는 분이십니다(요 6:35).

7. 나는 지금 목자 되신 예수님께서 주시는 영원한 생명을 소유하고 그 생명을 풍성하게 누리며 승리하는 삶을 살고 있나요?

요 10:9 ....

....

계 2:17 ....

....

....

영원한 생명은 곧 홀로 참 하나님이신 아버지를 알고 아버지께서 보내신 예수 그리스도를 아는 것입니다. 그 앎은 들어가며 나오며 나누는 친밀한 사귐으로 가능합니다. 그런 영적 친교를 통해 우리는 감추었던 만나 곧 영생을 얻고, 흰 돌(백석)에 새겨진 새 이름을 받은 자유인이 되어, 거짓과 우상을 이기는 승리의 삶을 살아갈 수 있습니다.

날마다 주님과 함께

8. 그렇다면 풍성한 생명을 얻어 누리기 위해 우리가 해야 할 일은 무엇일까요?

요 15:5 --

계 3:20 --

우리가 풍성한 영적 생명을 지속적으로 누리려면, 생명의 근원 되신 예수님을 증언하는 영생의 말씀을 상고하고, 생명의 주님과 연합하여 날마다 친밀한 교제 속에 살아가도록 힘써야 합니다.

갈 5:16 --

우리가 예수님을 구주로 영접할 때 하나님께서 우리에게 성령을 부어 주십니다. 성령님은 생명의 영으로서 우리의 죄를 일깨우시고, 우리를 진리 가운데로 인도하시며, 우리가 하나님의 뜻을 따라 살아갈 수 있도록 도와주십니다(요 16:8-13).

눅 11:13 --

따라서 항상 성령에 충만하며, 성령의 온전한 인도를 받고자 힘써 기도해야 합니다(롬 8:2).

핵심 포인트

하나님께서 우리를 위해 계획하신 삶은 풍성한 생명입니다. '풍성한 생명'은 육체적으로 '살아 있는' 생물학적인 생명을 넘어, 영적으로 하나님과 연합하여 그분이 주시는 능력으로 그분의 뜻을 따라 하나님을 공경하고 이웃을 사랑하며 섬김의 사람이 되어 내세까지 이어지는 풍성하고 영원한 삶을 사는 것입니다. 만물이 그러하듯, 우리의 생명도 하나님으로부터 시작하여 하나님을 통해 유지되며, 하나님으로 인해서만 완성됩니다. 그러므로 우리의 삶으로 하나님께 영광을 돌려야 합니다(롬 11:36). 나아가 이 모든 삶의 풍요가 하나님에 대한 참된 지식, 곧 생명을 살리는 신학에서 비롯됨을 더욱 깊이 깨달아야 하겠습니다.

한 주간 기도

하나님 아버지! 영원하고 참된 생명이 우리를 대신하여 피흘려 죽으시고 다시 사신 예수 그리스도 안에 있음을 믿습니다. 그 생명의 풍요를 마음껏 누리며 살기 위하여 날마다 주님과 연합하며 동행하도록 거룩한 성령으로 충만하게 다스려 주시옵소서.

week
04 하나님을 아는 자가 누릴 복

한 주간의 실천

말씀의 거울로 본 나의 삶	월	화	수	목	금	토	주일
1. 나는 오늘 사람을 살리는 생명의 언어로 이웃을 칭찬하며 격려하였는가?							
2. 나는 오늘 생명의 영이신 성령 하나님을 끊임없이 의식하며 생각하고 그를 의지하여 매사를 판단하고 결정하였는가?							
3. 나는 오늘 영생의 말씀인 성경을 마음에 새기며 묵상하며 살았는가?							

개혁주의생명신학
7대실천운동 해설

2. 신학회복운동

신학은 학문이 아니다

2. 신학회복운동

'신학회복운동'은 '신학은 학문이 아니다'라는 외침과 함께 시작합니다. 신학회복운동은 신학의 학문성 자체를 전면적으로 부정하는 것은 아닙니다. 하지만 신학이 학문으로만 끝나서는 안 되며 하나님의 말씀인 성경으로 돌아가야 함을 강조합니다. 전통적으로 기독교 국가였던 서구사회는 매우 세속화된 사회가 되고 말았습니다. 교회는 복음의 능력을 잃어버리고 신학은 교회 현장과 분리되어 학문적으로만 논의되고 있습니다.

신학은 일차적으로 하나님께 영광을 돌리고 생명을 살리는 신학이 되어야 합니다. 신학은 그런 의미에서 교회를 위한 신학이 되어야 합니다. 학문적인 관심을 우선시하는 신학은 사변화라는 치명적인 함정에 빠질 수밖에 없습니다. 그런 면에서 신학회복운동은 신학교육을 담당하는 신학교부터 달라져야 한다고 주장합니다. 생명이 생명을 낳듯이 그리스도의 생명으로 불타오르는 교수들을 통해 그리스도의 생명을 전하는 목회자들이 양성됩니다. 신학을 배우는 학생들의 관심도 학문이 아니라 말씀과 기도에 모아져야 합니다. 아울러 성도들도 바른 신학에 대하여 관심을 기울여야 합니다.

1. 핵심 성경구절

"영생은 곧 유일하신 하나님과 그의 보내신 자 예수 그리스도를 아는 것이니이다"(요 17:3).

2. 서언

20세기 초반까지 기독교는 서양의 종교로 알려져 있었습니다. 하지만 백여 년이 지난 지금 세계 기독교의 지형을 보면 기독교는 더 이상 서양의 종교가 아닙니다. 이전에 기독교는 서양에서 강세를 보였지만, 이제는 아시아와 아프리카에서 놀랍게 부흥하고 있습니다. 기독교는 더 이상 서양의 백인들을 중심으로 하는 북반구의 종교가 아닙니다. 남반구에 살고 있는 비서구 사회의 유색 인종들을 중심으로 하는 종교로 바뀌어가고 있습니다.

이렇듯 바뀐 세계 기독교의 지형에 대해 우리는 어떻게 생각해야 하겠습니까? 역사와 전통을 자랑하던 서구 기독교의 몰락은 우리에게 여러 가지 생각할 거리를 제공해 줍니다. 한국교회도 서구 교회의 전철을 따라가고 있는 것 같습니다.

3. 신학회복운동의 정의

개혁주의생명신학 7대 실천운동 제2항인 '신학회복운동'은 "사변화된 신학을 반성하고, 성경으로 돌아가기 위하여, 신학이 아니라 예수 그리스도의 생명의 복음임을 고백하는 운동"입니다. 요한복음 17장 3절에 있는 것처럼 하나님과 그분의 뜻을 아는 것이 신학입니다. 신학은 하나님을 아는 것이며, 예수 그리스도를 아는 것입니다. 그런데 하나님을 아는 것은 곧 영원한 생명을 아는 것입니다. 하나님을 아는 것이 우리로 하여금 영생을 얻게 하고, 그 영생을 누리며 살게 합니다.

예수님께서는 요한복음 10장 10절에서 이렇게 말씀하십니다. "내가 온 것은 양으로 생명을 얻게 하고, 더 풍성히 얻게 하려는 것이라." 신학은 그리스도인으로 하여금 하나님을 알게 해서, 그의 심령 가운데 영적인 생명을 더욱 풍성히 얻게 함으로써 영적으로 풍성한 열매를 맺도록 하는 것입니다. 참된 신학은 하나님과 그분이 행하신 일들을 머리가 아니라 인격적으로 아는 살아있는 지식이어야 합니다. 그런데 신학이 많이 발전할수록 교회가 문을 닫고, 신학생들이 목회를 기피하며, 신학교나 교회가 시기와 분쟁과 다툼에 휘말린다면, 그런 신학은 참된 신학이라고 할 수 없습니다.

어떤 신학자가 비록 신학 전문가를 자처하더라도 그의 심령 속에 예수 그리스도의 생명이 없다면, 그는 진정한 신학자가 아닙니다. 신학을 아무리 전문적으로 많이 연구했다고 하더라도, 그의 속에 예수 그리스도의 생명이 살아 있지 않다면, 그 생명이 그의 삶을 인도하지 않는다면 그는 하나님을 모르는 사람일 뿐입니다. 더구나 신학자가 예수 그리스도의 생명을 제대로 전할 수 없다면, 그는 그저 종교를 연구하는 학자에 불과합니다.

신학자가 신학을 전문적인 학문으로 연구한다고 해서 하나님을 잘 아는 것은 아닙니다. 하나님을 잘 아는 사람은 하나님을 인격적으로 체험하고, 하나님을 진심으로 사랑하는 사람입니다. 하나님을 아는 지식이 많은 사람은 하나님께 순종하고, 하나님의 뜻에 따라 행동할 줄 아는 사람입니다. 그런 사람이야말로 하나님을 진정으로 아는 신학자라고 할 수 있습니다.

참된 신학은 하나님의 말씀을 통해서 영생, 곧 영원한 생명을 얻고, 이 생명을 전파하는 신학입니다. 신학은 학문이 아니라 생명의 복음입니다. 복음은 단순한 이론이 아닙니다. 하나님의 말씀은 단순한 학문이 아닙니다. 그것은 죽은 자도 살리는 생명을 주는 능력입니다. 영원한 생명을 주는 능력입니다. 신학은 단순한 이론에 그쳐서는 결코 안 됩니다. 신학은 하나님의 생명, 영원한 생명을 주는 것이어야 합니다.

신학은 학문이 아닙니다. 학문은 성경이 우리에게 하나님의 말씀으로 드러나게 하는 수단일 뿐입니다. 학문은 성경이 영적 생명을 살리는 하나님의 말씀으로 역사할 수 있도록 돕는 수단일 뿐입니다. 신학이 지적인 학문만이 아니라 생명의 복음이 되기 위해서는 신학의 말씀화가 이루어져야 합니다. 개혁주의생명신학이 추구하는 신학회복운동은 신학의 생명화를 강조합니다. 학문이 구원을 줄 수는 없습니다. 구원은 오직 하나님의 말씀으로만 이루어집니다.

우리가 신학을 가르치고 배우는 것은 생명을 살리고, 교회를 살리며, 세상을 살려서 오직 하나님께 영광을 돌리기 위한 것이어야 합니다(soli Deo gloria!). 우리는 이 사실을 결코 잊지 말아야 합니다. 신학 교육은 이론적인 지식을 가르치고 배우는 수준에 머물러서는 안 됩니다. 신학교육을 통해서 생명력 있는 하나님의 말씀을 전하여 생명의 역사를 이룰 수 있는 목회자들을 배출해야 합니다. 신학생들은 생명의 역사를 일으킬 수 있는 신학을 복음으로 배워야만 합니다.

4. 현재 교회와 기독교인들의 문제점들

서구 기독교의 몰락과 한국교회의 쇠퇴에는 세 가지의 주된 원인이 있습니다. 그것은 신학이 지나치게 사변화되었다는 것, 신학이 성경에서 떠났다는 것, 그리고 신학이 지적인 학문의 틀에 갇히고 말았다는 것입니다.

1) 사변화된 신학

역사와 전통, 그리고 신학의 발전이 곧 교회의 부흥 및 성장과 직

결되지 않는다는 사실을 우리는 서구 기독교의 몰락을 통해 확인하게 됩니다. 일전에 제가 방송설교를 시청하는데 어느 신약신학자가 "바울이 이혼했다"는 말을 하는 것을 들었습니다. 본문의 문맥상 그렇다는 것입니다. 물론 이런 주장은 진지한 신약신학자들 사이에서는 전혀 받아들여지지 않고 있는 사변적인 주장에 불과합니다. 한마디로 어이가 없는 주장이 아닐 수 없습니다. 이런 엉터리 신학의 주장은 교회에 도움이 되기는커녕 신앙적으로도 대단히 위험한 주장을 늘어놓고 있는 것에 불과합니다. 학문으로서의 신학이 가져다 준 폐단이 아닐 수 없습니다.

신학은 원래 학문이 아니었습니다. 학문이 아니었던 신학이 학문화되는 과정에는 신앙과 영성을 분리시킨 중세 스콜라 신학과 계몽주의의 영향이 있었습니다. 신학이 대학에서 다른 학문 분과들과 자리를 나란히 하게 되면서 신학이라는 말을 일반적으로 사용되게 되었습니다. 그리고 계몽주의 시대에 신학이 학문으로서의 자격이 있는가에 대해 시비가 일면서 신학은 가일층 학문화의 길을 걷게 되었던 것입니다. 신학교육의 주도권이 세속 대학에 넘어가 학문화되면서 신학은 교회와 무관한 학문으로 전락해 버리고 말았습니다. 교회현장을 떠나서는 존재할 수 없었던 신학을 교회와는 상관없이 학문으로 연구하는 전문 신학자들이 등장하게 된 것입니다. 신학은 여러 분과로 파편화되었고, 그 가운데 말씀과 기도로 형성되는 영성에 대한 관심은 신학에서 사라져 버리게 되었습니다. 객관적인 학문 연구의 자세가 신학에도 들어오게 된 것입니다.

이런 잘못된 신학은 일반 성도들의 삶에도 영향을 미치고 있습니다. 왜냐하면 조금만 관심이 있는 성도들이라면 얼마든지 이런 신학을 책이나 강의를 통해 접할 수 있게 되었기 때문입니다. 교회 현장과 영성을 도외시한 사변적인 신학 서적들을 통해 머리만 키우는 사람들이 많아지고 있습니다. 가슴으로 신학을 하고 무릎으로 신학하는 사람들이 더 많아져야 합니다.

2) 성경에서 떠난 신학

성경은 신학의 가장 중요한 자료입니다. 신학에 대해 우리가 가지고 있는 일반적인 오해 중 하나는 신학을 하나님이나 하나님의 말씀인 성경과 동일시하는 것입니다. 하나님께서 오류가 없으시다면 그분의 말씀인 성경 또한 당연히 오류가 없어야 마땅합니다. 그런 의미에서 성경의 무오성에 대한 확신은 아무리 강조해도 지나치지 않을 것입니다. 하지만 무오한 성경에서 추론하여 이론적인 체계를 갖춘 어떤 신학은 얼마든지 오류가 있을 수 있습니다. 왜냐하면 이러한 신학 작업 과정에 필연적으로 인간의 부패한 죄성이 개입하기 때문입니다.

신학자들이 빠지기 쉬운 또 다른 위험은 성경에서 끌어낸 어떤 신학적 체계 자체를 절대시하는 것입니다. 모든 신학자는 그 시대의 문제를 가지고 고민하고 그 시대를 향해 해답을 제시해 주려고 노력합니다. 따라서 각자 다른 관점에서 성경을 읽고 서로 다른 성경 구절

들을 강조하게 됩니다. 그러므로 그들이 만들어낸 교의는 비록 그것이 성경에서 나온 것이라 하더라도 절대적인 진리는 아닙니다. 절대적인 진리는 오직 하나님의 말씀인 성경밖에는 없습니다.

그런 의미에서 우리는 유명한 사랑장인 고린도전서 13장이 인간의 지식의 한계와 잠정성을 지적하는 것에 주목해야 합니다. "우리가 지금은 거울로 보는 것같이 희미하나 그때에는 얼굴과 얼굴을 대하여 볼 것이요 지금은 내가 부분적으로 아나 그때에는 주께서 나를 아신 것같이 내가 온전히 알리라"(고전 13:12).

어떤 신학을 절대시하는 것은 바른 자세가 아닙니다. 어떤 신학 체계이든지 오류와 약점이 있을 수 있습니다. 그 이유는 신학이 가지는 한계 때문입니다. 오류가 없는 하나님의 말씀을 가지고 인간적인 작업을 하다 보니 거기에 인간적인 생각들이 섞여 들어가는 것입니다. 그러므로 신학은 하나님의 말씀인 성경으로 돌아가려고 끊임없이 의식적으로 노력해야 합니다. 그렇게 하지 않으면 어느 순간 신학은 단순한 인간적 학문으로 전락해 버리고 맙니다.

3) 학문으로서의 신학

신학은 학문이 아닙니다. 신학을 왜 학문이 아니라고 할까요? 물론 신학도 일종의 학문이라고 할 수 있습니다. 하나님에 대한 지식을 체계적으로 정리해서, 그것을 잘 알아듣게 가르쳐야 하기에, 신학은 하나의 지식이요, 학문일 수 있습니다. 그러나 신학은 학문으로만 끝나면 안 됩니다. 이런 의미에서 신학은 학문이 아니라고 말하는 것입니다. 신학은 학문적인 방법을 사용하지만, 절대로 학문으로만 끝나서는 안 됩니다.

일반적으로 우리는 학문을 인간 이성의 활동이라고 생각합니다. 학문은 어떤 대상을 알기 위해서 그것을 조사하고 분석하고 비판하고 평가하고 논리적으로 체계화시키는 것입니다. 그런데 학문으로서의 신학은 하나님을 학문의 대상으로 삼고 있습니다. 창조주 하나님이 어떻게 피조물인 인간의 학문의 대상이 될 수 있습니까? 하나님이 어떻게 인간 이성의 분석과 평가의 대상이 될 수 있습니까? 오직 하나님 편에서 우리에게 성령을 통하여 계시하실 때에만 하나님을 아는 지식이 가능합니다. 그런 의미에서 '하나님을 아는 지식'으로서의 신학은 학문이 아닙니다. 우리는 제한된 이성의 힘으로 하나님과 하나님의 계시를 다 깨달아 알 수 없습니다. 성령님께서 우리를 도와주셔야 하나님의 뜻을 알 수 있습니다(벧후 1:20-21).

원래 신학이라는 말은 헬라어 '테올로기아'(theologia)에서 나왔습니다. 이 단어는 '테오스'(theos, 신)와 '로고스'(logos, 학문, 추론)의 합성어로서, 신에 대하여 논리와 이성으로 추론하던 고대 헬라철학에서 먼저 사용되었습니다. 신학이라는 용어를 최초로 사용한 사람은 고대 헬라의 철학자 플라톤(Platon)이었습니다. 그의 제자 아리스토텔레스도 그 용어를 많이 사용했습니다. 그들은 신학을 '신에 대한 이성적이고 논리적인 추론'이라는 의미로 사용했습니다. 헬라 철학자들에게는 신학이나 철학이나 과학이 모두 서로 연결된 학문들이었습니다.

성경에는 신학이라는 용어가 없습니다. 성경에서 말하는 '하나님을 아는 지식'은 하나님과 그가 가르치는 모든 것을 아는 것뿐만 아니라, 하나님을 사랑하고 경외하는 경건을 포함하는 것입니다. 그래서 초대 교회의 교부들은 성경의 진리를 지칭할 때 '신학'이라는 용어를 사용하기를 주저했습니다. 동방교회에서는 300년이 지나서야, 서방교회에서는 700년이 지나서야 비로소 기독교의 진리를 신학이라는 말로 표현하기 시작했습니다.

루터에 비해서 칼빈은 신학이라는 용어에 대해서 부정적인 입장을 취하였습니다. 도리어 칼빈은 '신학'이라는 말보다 '가르침'이나 '교리'라는 말을 선호하였습니다. 루터는 '십자가의 신학'이라는 말을 즐겨 사용하였습니다. 루터는 십자가를 떠난 신학을 '영광의 신학'이라고 비판합니다. 신학은 머리만의 작업이 아니라 경건이며 십자가를 따르는 고난의 삶 자체입니다.

루터는 '신학은 고난으로 가득 찬 체험의 학문'이라고 말했습니다. 그는 로마 가톨릭에게 억압과 위협을 당하면서 그것들이 그를 올바른 신학자로 만들어 주었다고 고백했습니다. 그런 고난이 없었다면 자신은 결코 훌륭한 신학자가 되지 못했을 것이라고 말했습니다. 이와 같이 루터와 칼빈과 같은 종교개혁자들은 십자가와 성경의 빛 아래서 겸손히 하나님을 섬겼습니다. 백석학원을 설립한 저 역시 대학들을 세우고 이끌어오는 과정에서 많은 고난을 겪었습니다. 그러나 그 모든 고난 속에서도 오직 하나님의 말씀과 교훈에서 떠나지 않으려고 몸부림을 쳐왔습니다.

신학을 '하나님에 대해서 말한다'라는 의미로 이해하는 사람들이 본다면 신학의 주체는 인간일 것입니다. 그러나 신학을 '하나님께서 말씀하신다'고 해석하는 사람들은 신학의 주체가 하나님이심을 인정할 것입니다. 신학을 인간이 하나님에 대해서 말하는 것으로 이해하는 사람들에게 신학은 학문으로 이해되며, 이때 신학의 방법은 인간의 이성과 경험이 될 것입니다. 그러나 신학을 하나님께서 말씀하시는 것으로 이해하는 사람들에게 신학은 단순히 신에 대한 인간의 탐구가 아니며, 신학의 방법 또한 단순히 인간의 이성과 경험이 아니라 그것을 넘어서 하나님의 은총, 곧 성령과 믿음이 될 것입니다.

기독교의 역사 속에서 신학은 하나님을 향한 경건 자체를 의미하는 것이었습니다. 하나님을 알고 하나님을 사랑하여 하나님을 즐거워하고 하나님께 순종하며 하나님 앞에서 사는 것이 신학입니다. 하나님을 앎으로써 하나님께 감사하고, 하나님께 기도하며, 하나님 앞에서 회개함으로써 변화를 받아 영혼이 새로워지게 되는 참된 지식, 이것이 참된 신학의 능력입니다. 하나님을 찬양하고, 모든 영광을 하나님께 돌리며, 사나 죽으나 하나님의 영광을 위해 헌신하도록 하는 신학이 바로 참된 신학입니다.

신학을 단순히 학문이라고 하면, '신학'(神學)에서 학(學)만 남고 신(神)은 결국 떨어져 나가게 됩니다. 인간에게는 학문만 남고, 하나님은 없어지게 된다는 말입니다. 인간의 교만과 어리석음이 여기에 있습니다. 신학을 하면서도 오히려 하나님을 모르게 되고, 결국 하나님을 떠나서 영원한 생명을 잃어버린다면 이처럼 불행한 일은 없을 것입니다.

한국교회는 평양 대부흥 운동으로 성령의 역사를 뜨겁게 체험했지만, 선교 130여 년이 지난 지금 거룩한 신앙의 열정을 잃어버렸습니다. 세속적인 욕망에 사로잡혀서 복음의 본질을 상실하였습니다. 왜 이렇게 되었습니까? 교회가 하나님을 물질과 명예로 가두어 놓았고, 신학교가 하나님을 학문으로 가두어 놓았기 때문입니다. 문제의 핵심을 볼 때, 오늘날 한국교회의 침체 원인은 신학교육에 있습니다. 성경보다 학문을 앞세운 신학교육이 문제입니다. 머리로는 알지만 삶으로는 실천하지 못하기 때문입니다.

교육은 백년대계입니다. 신학교육이 이대로 간다면 미래의 한국교회는 지금보다 더 희망이 없습니다. 신학자들이 학문에 사로잡혀 있어, 그들에게 배운 신학생들의 영혼이 메말라가고 있습니다. 신학자들은 교회의 생명이 되시는 예수 그리스도를 학문의 틀 속에 가두어 놓았습니다. 자기의 학문에 하나님을 가두어 놓은 것입니다. 하지만 하나님은 인간의 틀에 갇힐 분이 절대로 아니십니다. 영원하신 창조주 하나님을 피조물인 우리 생각 속에 가두려 했던 교만을 회개해야 합니다. 회개하지 않으면 신학교육의 본질이 무너집니다. 신학교육이 무너지면 한국교회 강단이 무너집니다.

이제라도 저를 포함하여 신학자들이 먼저 영적 생명력을 회복해야 합니다. 그래서 신학교에서 성령운동, 기도운동, 회개운동을 통해 명예와 물질을 초월할 수 있는 경건의 훈련을 시켜야 합니다. 십자가와 부활 신앙을 믿음으로 고백하고 체험하는 영적 지도자를 길러내야 합니다. 그래야 한국교회가 다시 살아납니다. 학문으로 냉랭해진 우리들의 마음이 성령으로 다시 뜨겁게 되지 않으면 한국교회는 희망이 없습니다.

5. 성경적 해법

사변화된 신학과 성경에서 떠난 신학, 학문으로서의 신학은 더 이상 생명을 살릴 수 없습니다. 도리어 그런 신학은 인간의 자랑거리가 되어 스스로 시험에 들게 하고, 교회의 문을 닫게 할 뿐입니다. 학문에 그치는 신학은 인간에게서 시작하고 인간으로 끝납니다. 그것은 신학이라는 이름을 걸고 있지만, 인간의 학문을 자랑하는 것입니다. 그렇게 되면 그 사람은 복음을 부끄러워하게 됩니다. 그것이 비극입니다. 복음을 부끄러워하는 사람은 생명을 살리지 못하기 때문입니다. 신학은 학문으로 시작하지만 복음으로 끝나야 합니다. 신학은 학문으로 시작하지만 하나님의 말씀으로 끝나야 합니다.

신학은 예수 그리스도의 생명으로 죽어가는 영혼을 살리고, 세상을 살리는 복음이 되어야 합니다. 예수님은 태초부터 계셨던 하나님의 말씀입니다. 그런데 이 말씀이신 예수님 안에 생명이 있습니다(요 1:1-4). 참된 생명, 영원한 생명은 예수님 안에 있습니다. 예수님이 '영원한 생명'입니다. 우리가 하나님의 말씀을 가르치고 배우는 것은 이 말씀을 통해서 생명이신 예수님을 영접하여 영원히 살기 위한 것입니다. 그러므로 생명을 전하는 말씀, 생명을 전하는 신학이 아니라면, 그것은 예수님을 전하는 신학이 아닙니다. 신학은 반드시 생명, 곧 예수님의 생명을 전해야 합니다. 복음은 생명을 전하는 것입니다.

1) 우리의 신학은 영으로 난 것이어야 한다

예수님은 요한복음 3장 5-6절에서 당시 유대인의 율법사로서 성경을 잘 알았던 니고데모에게 아주 놀라운 말씀을 하십니다. "예수께서 대답하시되 진실로 진실로 네게 이르노니 사람이 물과 성령으로 나지 아니하면 하나님의 나라에 들어갈 수 없느니라 육으로 난 것은 육이요 영으로 난 것은 영이니." 육으로 난 것은 육입니다. 영으로 난 것은 영입니다. 우리의 신학은 영으로 난 것이어야 합니다. 영적으로 살아 있는 신학이어야 합니다. 우리의 신학교육도 영적으로 살아있어야 합니다. 왜냐하면 하나님의 나라는 육적인 것으로는 들어갈 수도 없고, 볼 수도 없고, 누릴 수도 없기 때문입니다.

니고데모는 유대인들의 랍비였습니다. 오늘날로 말하면 신학교 교수라고 할 수 있을 것입니다. 그는 율법에 대해서 잘 알았습니다. 성경도 잘 알았습니다. 그러나 그는 성경을 육적으로만 알았습니다. 그래서 예수님이 영적으로 하시는 말씀을 알아듣지 못했습니다. 그는 물과 성령으로 거듭나야 한다는 말씀을 이해하지 못했습니다. 왜냐하면 그에겐 육적인 눈, 육적인 생각, 육적인 마음만 있었기 때문에 예수님의 말씀을 진정으로 이해하지 못했습니다. 그는 하나님의 나라를 볼 수 없었던 것입니다.

오늘날의 신학 교수들도 마찬가지입니다. 신학 교수가 하나님의 말씀을 통해서, 기도를 통해서, 그의 믿음을 통해서 성령의 역사를 경험해야만 강의실에서 이런 영적인 것을 전할 수 있습니다. 신학 교수의 심령이 하나님의 말씀과 성령의 역사로 깨어지고 부서져야만, 예수님의 생명이 그에게서 흘러 넘쳐 나갈 수 있습니다. 우리의 마음이 성령의 담금질에 깨어지고 부서지는 경험이 날마다 있어야 합니다. 그래야 육적인 것이 아니라 우리의 심령 안에 있는 성령 하나님의 영적인 생명력이 흘러 나갑니다.

교수의 머리에서 나오는 것은 신학생들의 머리로 들어갑니다. 교수의 인간적인 마음에서 나오는 것들은 학생들의 인간적인 마음속으로 들어갑니다. 오로지 교수의 영적인 심령에서 나가는 것들만이 학생들의 영적인 심령으로 들어가 생명의 양식이 됩니다. 하나님 말씀을 가르치는 교수들이 먼저 영적 생명력을 지닌 영적 지도자가 되어야 합니다.

2) 우리의 신학은 '생명을 살리는 신학'이어야 한다

예수님께서는 요한복음 6장 63절에서 이렇게 말씀하십니다. "살리는 것은 영이니 육은 무익하니라 내가 너희에게 이른 말은 영이요 생명이라." 하나님의 말씀을 가르치는 신학은 '생명을 살리는 신학'이어야 합니다. 신학생들도 신학을 배우고 하나님의 말씀을 배울 때 성령의 역사에 전적으로 의지해야 합니다. 신학생들은 성령의 역사를 깊이 의지하면서 신학공부를 해야 합니다. 그래서 예수님을 알고, 예수님을 통해서 더 풍성한 생명을 얻어야 합니다.

개혁주의생명신학은 예수님의 생명을 더 풍성히 받아서 그 생명을 죽어가는 세상에 주는 신학입니다. 진리는 살아 있습니다. 진리는 죽은 생명을 살리는 능력입니다. 하나님의 백성에게 영적인 양식을 먹이고, 세상에 예수님의 생명을 전해야 하는 목회자의 사명은 이 세상의 그 어느 일보다 귀하고 영광스럽습니다. 영원한 생명이신 예수 그리스도를 전하는 일이기 때문입니다.

6. 실천 사례

1) 말씀과 기도에 우선을 두는 신학수업

신학생들은 신학교 시절을 통해 그 신앙이 자라나야 합니다. 신학을 학문으로만 공부하여 머리만 커져서는 아무 소용이 없습니다. 신학생 시절에 공부를 핑계 삼아 경건생활을 게을리 하면 나중에 전임 목회자가 되어서도 경건생활에 우선순위를 두지 않게 됩니다. 신학생이 공부를 열심히 하는 것은 자신의 본분에 충실한 것입니다. 마땅히 열심히 공부해야 하지만 주객이 전도되어 영적인 삶에 대한 열정은 없이 학문으로 신학공부에 임하게 되면 그 심령의 황폐화를 피할 수 없습니다.

2) 말씀의 사역자를 길러내는 신학교육

신학생들은 생명의 복음을 전하는 설교를 할 수 있어야 합니다. 결국 성경을 연구하고 신학을 공부하는 이유도 설교를 통해 성도들에게 생명의 복음을 전하기 위함인 것입니다. 교회 강단이 살아야 한국교회가 살아날 수 있습니다. 목회자들은 그 무엇보다 혼신의 힘을 다해 설교를 하고 목양의 일념으로 성도들을 섬겨야 합니다. 백석대학교 신학대학원에서 '성경강해와 설교' 과목을 통해 전문적으로 설교를 훈련하는 것은 단지 성경을 아는 지식이나 신학으로 끝나지 않고 교회 현장에서 어떻게 성도들에게 하나님의 말씀을 설교할지 훈련하는 좋은 기회가 될 것입니다.

3) 전도와 양육에 중점을 두는 현장 위주의 신학수업

신학생들은 불신자들을 전도하고 양육하는 훈련이 되어야 합니다. 주님의 제자들이 세상으로 보냄을 받았듯이 신학생들도 자신들이 일해야 할 교회가 치열한 영적 전투의 최전선에 있음을 기억하며 영적인 무장을 바르게 해야 합니다. 그래서 안 믿는 사람들에게 생명의 복음을 전하는 일을 두려워하지 않아야 합니다. 그러기 위해서는 전도와 양육에 대한 실제적인 교육이 필요합니다. 성경연구와 신학 공부도 중요하겠지만 실천적인 훈련이 필요합니다. 전도와 양육에 대한 구체적인 방법을 신학교에서 배울 수 있어야 합니다.

4) 교회와 연계되어 있는 신학교육

신학자들은 교회를 세우는 신학을 해야 합니다. 학문이 주는 즐거움에 안주해서는 안 됩니다. 신학 자체를 위한 신학은 아무런 소용이 없습니다. 먼저는 하나님께 영광이 되고 교회에 도움이 되는 신학이 되어야 합니다. 실천 현장인 교회와 세상에 대한 관심이 신학에 꼭 필요합니다. 이런 저런 모양으로 교회 사역에 신학자들이 참여하는 것을 권장하는 것은 여러 면에서 의미가 있습니다. 자신이 가르치는 학생들이 처하여 있는 현장을 모르고서는 학생들을 바로 가르칠 수 없기 때문입니다.

5) 신학교수들의 영성 계발을 위한 실천

신학자들이 책과 논문을 쓸 때는 그 안에 깊은 영성이 포함되도록 해야 합니다. 영성이 빠진 메마른 지식으로만 가득 찬 책과 논문은 신학생들과 성도들의 영적 성장에 도움을 주지 못합니다. 하나님의 진리를 전하는 책과 논문들은 풍부한 영성을 기초로 해야 합니다.

그렇다면 그런 글을 쓰기 위해서는 어떻게 해야 합니까? 신학자들 자신의 영성이 살아나야 합니다. 신학자들이 먼저 그리스도의 생명으로 충만해야 합니다. 학문으로서의 신학에만 머물러 있어서는 안 됩니다. 하나님의 말씀을 가까이 하고 기도에 힘써야 합니다. 신학 연구에 몰두하다가 정작 하나님의 말씀은 멀리하고 기도하지 않으면 그것처럼 큰 문제는 없습니다. 백석학원에서 신학을 가르치는 신임교수님들에게 10일간의 금식 기도를 요구하는 이유도 바로 이 부분과 관련이 있습니다. 또한 기독교학부 교수님들은 매해 2주간의 신학대학원 신입생 영성수련회를 학우들과 함께하며 자신이 은혜 받고 기도하는 일에 힘쓰고 있습니다. 귀한 시간들을 쪼개어 이렇게 하는 것은 바로 신학자들 자신이 영적으로 살아나야 한다는 절실한 필요 때문입니다. 그리고 방학을 이용해 기도원에서 가서 기도하는 교수님들이 점점 늘어나고 있는 것은 매우 고무적인 일이 아닐 수 없습니다.

2. 신학회복운동 | 실천적 제안

❶ 영적인 삶으로 비상하는 양 날개
말씀과 기도에 우선순위를 두라!

---

❷ 건전한 교리교육을 실시하면
교회의 정체성과 사명이 분명해진다.

---

❸ 교회에 도움이 되는 신학을 하려면
실천 현장인 교회와 세상에 대해 균형 잡힌 관심을!

---

❹ 교회를 세우는 신학 vs 교회를 허무는 신학
영적 분별력을 갖추면 진위가 보인다.

---

❺ 모든 신학적인 주장들, 과연 안전할까?
신학은 그리스도의 생명과 복음을 지향해야 한다.
성경의 렌즈로 안전 진단을….

---

❻ 생명의 복음으로 교회를 살려 내려면
지나치게 사변화된 신학을 경계하라.

---

❼ 겉은 비슷해 보이지만, 깊이 들여다보면 많이 다른 그들.
나는 주변의 이단들에 대해 얼마나 알고 있는가?

생명을 살리는 성경공부 2

개혁주의생명신학 7대 실천운동

신학회복운동